Andrea Lenz

Moderner Tanz - Einführung in den Tanz - Hip teens don't wear blue jeans

GRIN Verlag

Bibliografische Information der Deutschen Nationalbibliothek:

Die Deutsche Bibliothek verzeichnet diese Publikation in der Deutschen National-
bibliografie; detaillierte bibliografische Daten sind im Internet über http://dnb.d-
nb.de/ abrufbar.

Impressum:

Copyright © 2004 GRIN Verlag GmbH
Druck und Bindung: Books on Demand GmbH, Norderstedt Germany
ISBN: 978-3-640-73794-9

Dieses Buch bei GRIN:

http://www.grin.com/de/e-book/36202/moderner-tanz-einfuehrung-in-den-tanz-
hip-teens-don-t-wear-blue-jeans

GRIN - Your knowledge has value

Der GRIN Verlag publiziert seit 1998 wissenschaftliche Arbeiten von Studenten, Hochschullehrern und anderen Akademikern als eBook und gedrucktes Buch. Die Verlagswebsite www.grin.com ist die ideale Plattform zur Veröffentlichung von Hausarbeiten, Abschlussarbeiten, wissenschaftlichen Aufsätzen, Dissertationen und Fachbüchern.

Besuchen Sie uns im Internet:

http://www.grin.com/

http://www.facebook.com/grincom

http://www.twitter.com/grin_com

Unterrichtsreihe:

Moderner Tanz

Einführungsstunde:

Einführung des Tanzes „Hip Teens"

Fach:

Sport

Klasse:

7a

Datum:

17.03.2004

Inhalt

1. Einordnung der Unterrichtsstunde

1.1 Einordnung in den Lehrplan

Der Lehrplan Sport der Sekundarstufe 1 ist in drei Bereiche gegliedert. Der Bereich A umfasst die Teilbereiche Gerätturnen, Gymnastik und Tanz, Leichtathletik und Schwimmen, Bereich B die Ballsportarten (Fußball, Handball, Volleyball, Basketball...). Pädagogischer Freiraum wird in Bereich C gewährleistet.

Die Bereiche A und B werden in der siebten Klasse mit je 30 und Bereich C mit 40 Stunden angesetzt. Bei der Durchführung einer Sportart der Bereiche A und B wird jeweils von einem zeitlichen Umfang von je 15 Stunden ausgegangen[1].

Die vorliegende Stunde kann eindeutig dem Bereich A und der dazu gehörenden Sportart Gymnastik und Tanz zugeordnet werden. Diese Sportart setzt in verschiedenen pädagogischen Perspektiven nach Dietrich Kurz sportliche Akzente, die auch in der vorliegenden Stunde zum Tragen kommen[2]:

Der Aspekt „Gesundheit" wird durch die Förderung der aeroben Ausdauer in meiner Stunde abgedeckt. Auch „Ausdruck" und „Eindruck" spielen beim Tanzen eine große Rolle. Daneben wird dem „Miteinander" Rechnung getragen, da die Schülerinnen gemeinsam tanzen und in den folgenden Stunden in Zusammenarbeit eigene Bewegungsmuster in den Tanz einbauen werden.

Die Folgestunden dienen weiterhin dem „Entwickeln gestalterischer Fähigkeiten in der Gruppe"[3] (Sachkompetenz) sowie dem kooperativen Verhalten innerhalb einer Gruppe, insbesondere in Phasen der Bewegungsgestaltung (Sozialkompetenz).[4]

Tanzen eignet sich zur Schulung der Rhythmisierungsfähigkeit (Bewegen auf den Rhythmus der Musik) und der Orientierungsfähigkeit (Raumorientierung). Des Weiteren muss der Tänzer sich seinen Partnern anpassen können. Auch die allgemeinen sportlichen Fähigkeiten Beweglichkeit und Koordination werden gefördert.

---

[1] Lehrplan Sport Sek 1, S. 12
[2] Lehrplan Sport Sek 1, S. 10
[3] Lehrplan Sport Sek 1, S. 28
[4] vgl. Lehrplan Sport Sek 1, S. 28

1.2 Einordnung in eine Unterrichtseinheit

Die vorliegende Stunde stellt den Einstieg in eine Unterrichtsreihe zum Thema „Moderner Tanz – Hip Teens" dar.

Die Schülerinnen werden nach einer spielerischen Hinführung zunächst die Grobform des Tanzes erlernen, welche aus Refrain und Strophe besteht. Damit gebe ich ihnen ein Gerüst vor, welches Sie in den folgenden Stunden weiter bearbeiten sollen.

In der nächsten Stunde wird der Tanz noch einmal aufgegriffen und geübt. Außerdem werden die Schüler gemeinsam mit mir Vorschläge sammeln, wie man den Anfang und das Ende des Tanzes gestalten könnte und diese dann auch umsetzen. So wird ihre Kreativität angeregt.

Die folgenden zwei Stunden werden die Kreativität und Eigenaktivität der Schülerinnen dann weiter fördern. Sie sollen in Kleingruppen den Mittelteil des Liedes mit dem Saxophonsolo tänzerisch ausgestalten. Wer diese Aufgabe früher erledigt hat als erwartet, kann auch Teile der Strophe noch variieren.

Aus einer Grobform des Tanzes entstehen durch die Gruppenarbeit also verschiedene Feinformen, welche dann nach abschließendem Üben in der letzten Stunde der Unterrichtseinheit den anderen Gruppen präsentiert werden sollen.

Wer die Unterrichtsreihe zum Tanz noch weiterführen möchte, könnte die Schülerinnen selbst einen einfachen Tanz gestalten lassen.

Da Tänze immer sehr publikumswirksam sind, böte sich eine Präsentation der Ergebnisse im Rahmen eines Schulfestes, einem Tag der offenen Tür etc. an.

Stunde	Thema
1. Stunde	**Erlernen des Tanzes „Hip Teens"**
2. Stunde	Üben des Tanzes und gemeinsame Ausgestaltung des Anfangs und des Schlusses durch die Schüler
3. + 4 Stunde	Ausgestaltung des Mittelteils des Tanzes in Kleingruppen
5. Stunde	Festigen der Tanzschritte mit abschließender Präsentation der kompletten Tänze

2. Spezielle Voraussetzungen der Schülerinnen

Bisher hatte ich leider nicht die Möglichkeit, die 9 Schülerinnen der Klasse 7a beim Tanzen oder beim kreativen Gestalten von Bewegungen beobachten zu können. Genaue Aussagen über ihre Eignung zum Tanzen kann ich daher nicht treffen.

Meine Beobachtungen im Unterricht lassen jedoch aus verschiedenen Gründen die Annahme zu, dass alle Schülerinnen gute Leistungen beim Tanzen erbringen werden:

Zum einen sind sie sehr bewegungsfreudig und gehen motiviert in die Sportstunden hinein, wie ich in den ersten Wochen meines Praktikums immer wieder feststellen konnte. Auch sind sie offen für neue Bewegungsangebote und setzen die ihnen gestellten Aufgaben gut und bereitwillig um.

Ihre Kreativität haben sie in einem Spiel unter Beweis gestellt in dem sie verschiedene Bewegungsmöglichkeiten - auch tänzerischer Art – selbst finden sollten.

Verena hat schon Tanzerfahrungen in einer Karnevalstanzgruppe sammeln können.

Ich gehe davon aus, dass die Schülerinnen das von mir angebotene Unterrichtsthema sehr gut aufnehmen werden, denn sie fragen mich schon seit einer kleinen Andeutung meinerseits ununterbrochen, wann wir denn endlich mal tanzen.

3. Lernziele

3.1 Grobziel

Die Schülerinnen sollen einen Tanz zu aktueller Musik erlernen und in Kleingruppen selbstständig und kreativ weiter ausgestalten und verändern.

3.2 Feinziel

Die Schülerinnen erlernen die Grobform, das Grundgerüst (Refrain und Strophe) des Tanzes „Hip Teens".

4. Sachanalyse

Tanzen ist eine natürliche Ausdrucksform menschlicher Bewegungen. Auf der ganzen Welt wird schon seit Jahrtausenden getanzt. Dabei können Tänze ganz unterschiedliche Charaktere haben: Langsame, elegante Tänze wie zum Beispiel der Langsame Walzer sind ebenso zu finden wie flotte oder gar wilde Tänze (Rock'n'Roll...). Getanzt wurde und wird in allen sozialen Schichten: Während beispielsweise im Mittelalter die Adligen festliche Bälle gaben, tanzte das gemeine Bauervolk rustikale Volksweisen im Wirtshaus. Auch die Formationen können sehr unterschiedlich sein: ob - wie in der Disco - alleine getanzt wird, paarweise oder gar in kleinen oder großen Gruppen, synchron oder jeder „frei nach Schnauze" – alles ist erlaubt.

Die Jugendlichen von heute tanzen in der Disco oder sehen Tänzer in den Videoclips der Musiksender. Gerade diese Musikvideos erwecken in vielen den Wunsch, auch „so wie die im Fernsehen" tanzen zu können. Tänze auf aktuelle und fetzige Musik kommen daher vor allem bei den Schülerinnen gut an.
Für die Schule bietet es sich an, leichte Tanzschritte zu wählen, damit alle Schüler mithalten und Erfolgserlebnisse haben können.

Durch das Tanzen werden vor allem Rhythmusgefühl und Koordination geschult. Konzentration ist gefordert, um im Takt zu bleiben und die Schritte richtig ausführen zu können. Beim Tanzen in einer Gruppe müssen die einzelnen Mitglieder sich außerdem den anderen anpassen, um durch Synchronität eine bessere Wirkung zu erzielen.

Beim Erstellen eines Tanzes wird die Kreativität der Schüler gefördert. Es müssen verschiedene ästhetische Arm- und Beinbewegungen gefunden werden, die es zu koordinieren und auf die Musik abzustimmen gilt. Auch mit Raum und Zeit darf und soll gespielt werden. Verschiedene Raumpositionen und Formationen sowie Tempowechsel etc. geben dem Tanz die nötige Würze, sind sozusagen das Salz in der Suppe.

Beim Ausgestalten einer Tanzpräsentation ist es weiter wichtig, einen eindeutigen und vielleicht auch etwas ausgefallenen Anfang und Schluss zu finden, um das Publikum zuerst neugierig zu machen auf den eigentlichen Tanz und ihm schließlich klar zu verstehen geben, wann der Tanz zu Ende ist und geklatscht werden darf.

5. Methodisch – didaktische Analyse

5.1 Aufwärmen / Hinführung

Zum Einstieg in die Unterrichtsreihe habe ich ein kreatives Spiel gewählt. Damit schlage ich eine Brücke von den bisher behandelten „Kleinen Spielen" zum neuen Thema „Tanzen". Die Schülerinnen haben in diesem Spiel die Aufgabe, selbst Bewegungen zu finden, bzw. die von ihrer Mitschülerin vorgegebenen Bewegungen nachzuahmen. Dadurch werden sie auf die Unterrichtseinheit gut eingestimmt, denn im weiteren Verlauf dieser Stunde sollen sie zunächst meine Bewegungen mitmachen und in den folgenden Stunden selbst gestalterisch tätig werden. Durch den Einsatz der Musik gewöhnen sich die Schülerinnen schon einmal an das Bewegen zu einem Rhythmus. Außerdem wird ihr Organismus durch das Spiel erwärmt.

5.2 Hauptphase

5.2.1 Erarbeitung

Diese Phase ist von der Methode Vormachen-Nachmachen geprägt. Ich habe sie gewählt, um den Schülerinnen einen leichten und schnellen Einstieg ins Tanzen zu ermöglichen und die Grundlage für die weiteren Stunden zu legen. Durch meine Demonstrationen ist es leicht, die Schritte nachzutanzen, ohne dass viele erklärende Worte nötig sind. Außerdem gebe ich den Jugendlichen so ein paar Schritte an die Hand, mit denen sie in den folgenden Stunden kreativ weiterarbeiten können.

Wichtig bei dieser Methode ist, dass der Tanz in kleine Teilstücke zerlegt wird, die nach und nach gelernt und aneinandergereiht werden. So können die einzelnen Bewegungen besser im Gedächtnis gespeichert werden. Die Beinbewegungen werden zunächst einzeln eingeübt, die Arme kommen später dazu. So müssen die Schülerinnen sich nicht auf zwei Dinge gleichzeitig konzentrieren. Außerdem sollte man unbedingt darauf achten, die Schritte erst langsam bzw. ohne Musik zu üben, um schwächeren Schülern den Übungsprozess zu erleichtern. Vor allem das Tanzen im halben Tempo ist hier wichtig, denn so kann im Rhythmus der Musik getanzt und gleichzeitig die Übersicht über die Bewegung gewahrt werden.

Zu Orientierung werde ich anfangs die Schläge mitzählen – 8 in jedem Takt. Dadurch wissen die Schüler, wann sie die Schritte tanzen und zum nächsten Element wechseln müssen, denn jeder Schritt wird zwei Takte lang getanzt. Das Ansagen des nächsten Schrittes unterstützt den Schrittwechsel zusätzlich, da die neue Bewegung im Kopf schon vorgedacht werden kann.

Die Tanzschritte werden unabhängig voneinander eingeübt und oft wiederholt, um sie zu automatisieren. Erst wenn ein Schritt beherrscht wird, zeige ich den nächsten. Neue Schritte werden – sobald sie gekonnt werden – an das Bekannte angehängt, um die Kombinationen und Übergänge zu üben.
Nach dem Erlernen der ersten zwei Tanzschritte lasse ich die Schüler das komplette Lied durchtanzen. In der Strophe wird die bisher bekannte Schrittfolge dann einfach zweimal hintereinander ausgeführt. Ich finde dies sehr wichtig, denn so kann schon nach kurzer Zeit das komplette Lied durchgetanzt werden und die Schülerinnen sehen, was sie schon gelernt haben.

Die Wahl der jeweiligen Organisationsformen ergibt sich aus dem Tanz. Da der Refrain im Kreis getanzt wird, üben wir ihn auch direkt so, wobei ich mich einfach unter die Schüler mische. Durch die Kreisform habe ich dabei trotzdem alle im Blick. Die Strophe wird im Block auf Lücke getanzt und auch entsprechend eingeübt. Dabei stelle ich mich vor die Schüler mit Blick zu ihnen. So können alle mich sehen und ich habe im Gegenzug alle Schülerinnen im Blick. Da ich alles spiegelbildlich zu ihnen demonstriere, dürften sie keine Orientierungsprobleme haben, denn wenn ich mich z.B. in Richtung Wand bewege, tun sie das auch, müssen also nicht umdenken.

5.2.2 Festigung
Gegen Ende der Stunde lasse ich – je nach verbleibender Zeit, die Schülerinnen den Tanz noch zweimal oder öfter komplett tanzen. Dadurch können die Schritte besser im Gedächtnis verankert werden, so dass wir in der nächsten Stunde nach einer kleinen Auffrischung direkt zum kreativen Teil übergehen können.

Wichtig ist noch zu erwähnen, dass es mir in diesem Stadium des Könnens nicht auf die exakte Form und Ausdrucksstärke der Bewegungen ankommt. Zuerst einmal müssen die Schritte richtig aneinandergereiht und im Takt getanzt werden können. Wirklich schön aussehen soll das ganze erst später.

5.3 Schluss

Mit einem kleinen Ausblick auf die nächste Stunde beende ich diese Einführung. Dadurch möchte ich die Vorfreude der Schülerinnen auf die nächste Stunde wecken. Vielleicht erreiche ich dadurch auch, dass die eine oder andere sich schon mal Gedanken über die Ausgestaltung der noch freien Takte im Lied macht.

6. Verlaufsplan

Phase / Zeit	Unterrichtsgeschehen	Intention	Methodisch-Didaktische Hinweise	Organisation / Medien
Einstieg 3 min.	• Begrüßung • Themenvorstellung	• Einstimmung der Ss. auf die Stunde	• L-S-Gespräch ⇨ nach Erfahrungen mit Tanz fragen ⇨ evtl. aufkommende Fragen beantworten	• Innenstirnkreis sitzend
Aufwärmen /Hinführung Ca. 5 Minuten	• Zugspiel	• Aufwärmen des Organismus • Einstimmung auf Tanzen • Kreativität fördern	• Ss. Sollen sich zur Musik tänzerisch bewegen ⇨ laufen, hüpfen, Armbewegungen • 1. S. einer Gruppe ist Zugführer, gibt Bewegung vor, Rest der Gruppe macht nach • auf Signal von L schließt sich Zugführer hinten an seinen Zug an, neuer Zugführer ist wieder der vordere S.	• Ss. In Dreiergruppen hintereinander durch die ganze Halle ⋏ Musik 130-150 bpm
Hauptphase *Erarbeitung* Ca. 20 min.	• **Tanzschritte des Refrains tanzen** ⋏ nur Hüpfer ⋏ mit rund laufen ⋏ mit Drehung	• Erlernen und Einprägen der Tanzschritte	• **Vormachen L, mitmachen Ss** ⋏ erst ohne Musik, dann mit (nur Refrain) ⋏ dann komplettes Lied laufen lassen, Refrain tanzen, Strophen improvisieren • mitzählen der Schläge (von 1-8) • Armbewegungen ansagen „außen, innen, hoch, Seite"	• Kreis, Seitstand, re Schulter zeigt nach innen ⋏ Musik: Lied „Hip Teens Don't Wear Blue Jeans" von Frank Popp Ensemble
				• Block auf Lücke, ⋏ Musik: Lied „Hip Teens"
	• **Tanzschritte der Strophe tanzen (1. Hälfte)** ⋏ Lunge seit		• **Vormachen L, mitmachen Ss** ⋏ L. macht mit links beginnend vor, Ss. spiegelbildlich nach (mit rechts) ⋏ Schritt langsam tanzen, nach und nach schneller werden – ohne Musik ⋏ Dann mit Musik, ggf. zuerst halbes Tempo ⋏ Viele Wiederholungen ⋏ Richtungswechsel ankündigen	

Phase / Zeit	Inhalt	Teilziele	Methodik	Organisation / Medien
	➢ Grape vine		➢ Arme erst einbauen, wenn Beinbewegung sicher • Grape vine genau wie Lunge einüben • beide Schritte verbinden (abwechselnd tanzen, jeweils 1 Takt) ➢ Schrittwechsel je auf 7-8 ansagen	• Block auf Lücke / Kreis im Wechsel
	• kompletten Tanz mit bisher bekannten Schritten tanzen	• Anwenden des bisher Geübten	• bei Strophen: Schrittkombination 2x hintereinander tanzen • Schritte ansagen	• Block auf Lücke ♪ Musik: Hip Teens
	• **Tanzschritte der Strophe tanzen (2. Hälfte)** ➢ Vorgehen ➢ Side Tep	• Erlernen und einprägen neuer Tanzschritte	• **Vormachen L, mitmachen Ss.** 1. Schritte einzeln üben (wie oben) 2. beide aneinander hängen 3. ganze Strophe tanzen (4 Schritte)	
Festigung Ca.10 Minuten	• **Tanzen des kompletten Tanzes**	• Wiederholen der Tanzschritte	• Schritte ansagen (auf 7-8) • 2 Durchgänge • Mittelteil improvisieren • Wenn noch genügend Zeit, weiterer Durchgang	• Block auf Lücke / Kreis ♪ Musik: Hip Teens
Schluss Ca. 2 min.	• Ausblick auf nächste Stunde	• Motivierung für nächste Stunde	• Ankündigung, nächste Stunde selbst noch was dazu zu erfinden	• Innenstirnkreis, stehend

7. Literatur

- Ministerium für Bildung, Wissenschaft und Weiterbildung, *Lehrplan Sport*, Sekundarstufe I (Klassen 5 – 9/10), Mainz, Rheinland Pfalz, Sommer Druck und Verlag, Grünstadt, 3/1998

8. Anhang

8.1 Aufbau des Liedes „Hip Teens Don't Wear Blue Jeans"

4 Takte	Intro
8 Takte	Strophe
2 Takte	Zwischenspiel 1
8 Takte	Refrain
2 Takte	Zwischenspiel 2
8 Takte	Strophe
2 Takte	Zwischenspiel 1
8 Takte	Refrain
6 Takte	Solo
8 Takte	Refrain
8 Takte	Refrain
8 Takte	Refrain

Refrain wird noch einmal gespielt, klingt dabei aus

Jeder Takt hat 8 Beats (Schläge)

8.2 Beschreibung des Tanzes

Strophe:

- im Block auf Lücke
- 1. + 2. Takt: Lunge seit
  - ⇨ 1. Takt:
    - ➢ Gewicht auf rechtem Bein
    - ➢ 1: linke Fußspitze tippt seitlich auf, Arme schwingen nach links zur Seite
    - ➢ 2: linke Fußspitze tippt neben rechten Fuß, Arme schwingen zurück zur Körpermitte
    - ➢ 3-8: gleiche Bewegung immer so weiter
  - ⇨ 2. Takt:
    - ➢ die gleiche Bewegung mit rechts
    - ➢ Gewicht jetzt auf linkem Bein

- 3. + 4. Takt Grape Vine
  - ⇨ Bewegung in beiden Takten gleich
    - ➢ 1. Schritt mit rechts nach rechts seitwärts, Arme schwingen gestreckt nach vorn
    - ➢ 2: Linkes Bein kreuzt hinter rechtem, Arme schwingen zurück in Ausgangsposition
    - ➢ 3: siehe 1
    - ➢ 4: linkes Bein ranziehen (schließen), in die Hände klatschen
    - ➢ 5-8 das gleiche in die andere Richtung, mit links beginnend
- 5. + 6. Takt vor und zurück gehen
  - ⇨ 5. Takt: vor gehen
    - ➢ 1-2: Schritt vor mit rechts, linken Arm vorstrecken (waagerecht)
    - ➢ 3-4 Schritt vor mit links, linken Arm vorstrecken
    - ➢ 5-8 weitere Schritte re-li-re-li, waagrechte Arme schieben dabei im Wechsel immer ein wenig vor (Vorstellung: etwas wegdrücken)
  - ⇨ 6. Takt zurück gehen
    - ➢ 1-2 Schritt mit rechts zurück, linke Hand auf rechte Schulter schlagen
    - ➢ 3-4 Schritt mit links zurück, rechte Hand auf linke Schulter schlagen
    - ➢ 5-8 weitere Schritte re-li-re-li, Schultern wackeln dabei abwechselnd vor und zurück
- 7. + 8. Takt: Side Tep
  - ⇨ Bewegung in beiden Takten gleich
    - ➢ 1: Schritt mit rechts zur Seite (Grätschstand), Arme vor Körper in Boxerhaltung
    - ➢ 2: Tip mit linker Fußspitze am Platz, Arme strecken schräg rechts hoch strecken
    - ➢ 3: Aufsetzen linkes Bein, Arme wieder vor Körper
    - ➢ 4: Tipp mit rechter Fußspitze am Platz, Arme schräg links hoch strecken
    - ➢ 5-8: ebenso

Refrain:
- im Kreis, Seitstand, rechte Schulter zeigt zur Mitte
- bei den ersten zwei Schlägen jedes Taktes auf der Stelle hüpfen beidbeinig, Armbewegung in jedem Takt anders:
  - ➢ 1. Takt: beide Arme nach außen strecken, schnippen
  - ➢ 2. Takt: beide Arme nach innen strecken, schnippen
  - ➢ 3. Takt: beide Arme hoch strecken, schnippen
  - ➢ 4. Takt: beide Arme zur Seite strecken (li nach li, re nach re), schnippen
- Schläge 3-8 in jedem Takt joggen im Kreis
- Nach dem 4. Takt ½ Drehung, in andere Richtung laufen

Zwischenspiel 1 (Übergang Strophe – Refrain)

- Aus Blockaufstellung in Kreisform tanzen
- Bei Oooh (Schläge 5-8 im 2. Takt) Arme von innen aus dem Kreis nach außen bewegen

Zwischenspiel 2 (Übergang Refrain – Strophe)

- aus Kreisaufstellung in Block tanzen, jeder auf seinen alten Platz

9. Zusatz: Verlaufsplan der Folgestunde: Anfang und Schluss gestalten

Phase / Zeit	Unterrichtsgeschehen	Intention	Methodisch-didaktische Hinweise	Organisation / Medien
Einstieg Ca. 3 Minuten	• Begrüßung • Stundeninhalt vorstellen	• Vorbereiten der Ss. auf die Unterrichts stunde	• Ergebnisse der letzten Stunde zusammenfassen • Erklären, wie von dort aus jetzt weiter gearbeitet wird	• Innenstirnkreis sitzend
Aufwärmen / Hinführung Ca. 7 Minuten	• **kompletten Tanz 2x tanzen**	• Erwärmen des Organismus • Tanzschritte ins Gedächtnis rufen	• 1. Durchgang: L tanzt vor Klasse, sagt Schritte an • 2. Durchgang: keine Schritte mehr ansagen	• Block auf Lücke bzw. Kreis im seitstand, re Schulter zur Mitte ➢ Musik: Hip Teens
Hauptphase *Erarbeitung* ca. 22 Minuten	• **Schluss ausgestalten** ➢ Schluss anhören ➢ Letzte Strophe und Schluss tanzen ➢ Kompletten Tanz mit neuem Schluss tanzen	• Förderung der Kreativität • Mitwirkung der Schüler bei Gestaltung • Anwendung der neuen Schritte • Wiederholen des Bekannten	• L + S gemeinsam durch Ausprobieren ➢ Schlussbild soll nach dem letzten „Hip Teens" stehen ➢ Schluss soll jeder improvisieren ➢ Im Schlussbild bleiben ➢ Gute Varianten aufgreifen und Schüler entscheiden lassen, welche genommen wird	• Kreis ➢ Musik: Hip Teens
	• **Anfang ausgestalten** ➢ Anfang anhören ➢ Vorschläge sammeln ➢ Tanzschritte aufstellen	• selbst kreativ Bewegung gestalten	• L.+ S. gemeinsam im Gespräch und durch Ausprobieren ➢ Anzahl Takte angeben ➢ Hinweise: ⇨ Anfang muss neugierig machen ⇨ Mit kleinen / langsamen Bewegungen beginnen, nicht direkt zu hektisch	• Block auf Lücke ➢ Musik: Hip Teens

Phase	Inhalt	Ziel	Organisation / Medien
Festigung Ca. 10 Minuten	➤ Ohne Musik üben ➤ Mit Musik üben ➤ Mitzählen 1-8 • kompletten Tanz 3x tanzen • 1. Durchgang: L reiht sich in Block der Schüler ein • 2. Durchgang: L guckt zu, gibt am Ende Hinweise auf Fehler etc • 3. Durchgang: L tanzt eingereiht mit, sagt schwierige Stellen an („Achtung….")	• Üben der Schritte	• Block auf Lücke / Kreis ➤ Musik: Hip Teens
Schluss Ca. 3 Minuten	• Reflexion und Ausblick • Zusammenfassen: Was haben wir heute geschafft? • Was ist nächste Stunde geplant? • Aufg: Sammelt Ideen für Mittelteil	• Lernerfolg vor Augen führen	• Innenstirnkreis sitzend